Justiniano I

Una Guía Fascinante de Justiniano el Grande y Cómo este Emperador Gobernó el Imperio Romano

© Copyright 2020

Todos los Derechos Reservados. Ninguna parte de este libro puede ser reproducida, copiada o distribuida sin la autorización directa y por escrito del autor. En las reseñas de libros se autoriza a citar párrafos breves.

Aviso Legal: Ninguna parte de esta publicación puede ser reproducida o transmitida de ninguna manera y a través de ningún medio mecánico o electrónico, incluyendo la prohibición de realizar fotocopias o grabaciones o a través de algún Sistema de almacenamiento, o compartido por correo electrónico sin la autorización directa del editor.

Si bien se han realizado los esfuerzos necesarios para verificar la información contenida en esta publicación, ni el autor ni el editor assume ningú tipo de responsabilidad por errores, omisiones, o interpretaciones diferentes del contenido de la materia objeto de este libro.

La información contenida en este documento se ofrece únicamente con fines educativos e informativos. Las opinions expresadas son del autor, y no representan necesariamente las opiniones de los expertos en la materia.El lector es responsable de sus propias acciones.

La adherencia a la legislación que rige las practices comerciales, licencias, publicidad y otras leyes comerciales en EEUU, Canadá, Reino Unido y otras jurisdicciones, incluyendo a nivel internacional, federal, estatal y local, es responsabilidad del comprador o lector exclusivamente.

Ni el autor ni el editor asume ninguna responsabilidad en nombre del comprador o lector de este documento. Cualquier parecido con personas u organizaciones reales es pura coincidencia.

Índice

INTRODUCCIÓN 1
CAPÍTULO 1 – VIDA TEMPRANA 3
CAPÍTULO 2 – LA EMPERATRIZ TEODORA 7
CAPÍTULO 3 – REBELIÓN, REVUELTA Y RECONSTRUCCIÓN 11
CAPÍTULO 4 – CORPUS JURIS CIVILIS 16
CAPÍTULO 5 – LA EXPANSIÓN DEL IMPERIO 21
CAPÍTULO 6 – RELIGIÓN 27
CAPÍTULO 7 – LA VIDA BAJO EL GOBIERNO DE JUSTINIANO 32
CAPÍTULO 8 – EL DECLIVE DE JUSTINIANO 37
CAPÍTULO 9 – LEGADO 42
REFERENCIAS 46

Introducción

Aunque el nombre Justiniano no le sea familiar, su vida y su legado siguen influyendo en la vida de millones de personas en todo el mundo. De hecho, es muy probable que, mientras esté leyendo esto, su vida esté regida por las leyes resultantes de la reinvención del Código romano emprendida por Justiniano. Su vida religiosa ha sido probablemente producto de la fusión religiosa ocurrida en el contexto del Imperio bizantino, aunque no se haya dado cuenta hasta ahora. Incluso puede ser que muchos de los personajes de sus libros, o de sus películas o juegos favoritos estén basados en las vidas reales de personas que habitaron nuestro mundo en un contexto muy diferente al nuestro, y que, sin embargo, cautivaron la imaginación de los artistas más creativos a lo largo de los siglos.

Conocemos detalles de la vida de Justiniano a través de varias fuentes, pero, como ocurre con cualquier relato histórico, es importante recordar que toda historia se escribe con una agenda política detrás. Así ocurre con la vida de Justiniano I. El famoso historiador bizantino Procopio es la mayor fuente de información sobre el reinado de Justiniano. Mientras Procopio empezó alabando al emperador Justiniano I y consagrando sus múltiples hazañas, más tarde le descalificaría, tanto a él como a su esposa, con duras acusaciones de perversión y maldad. Hace falta recordar que no podemos fiarnos plenamente ni de los informes elogiosos escritos bajo el patrocinio del emperador, ni de los infames cotilleos escritos cuando este patrocinio ya no existía. La verdad yace, sin duda, en algún lugar intermedio, y es tarea de los historiadores el dilucidarla de la manera más fidedigna posible.

De lo que podemos estar más seguros es de los logros políticos de Justiniano, de sus importantes reformas legislativas y de la prolijidad de sus construcciones arquitectónicas erguidas en su nombre. Los artistas bajo su reinado han producido artefactos que pueden dar fe de la atmósfera cultural floreciente de su tiempo.

Sin embargo, quizás los aspectos más interesantes de la vida de Justiniano no sean los más conocidos: sus orígenes humildes, su ascenso al poder, y su relación legendaria con una de las mujeres más intrigantes de la historia, Teodora.

Capítulo 1 – Vida Temprana

El gobernador que luego se conocería como Justiniano nació en el 482 bajo el nombre de Flavius Petrus Sabbatius Justianus, de una campesina llamada Vigilantia. No existe mucho material que nos permita conocer más sobre su vida temprana – probablemente por sus orígenes humildes-, así que, para tener una idea de cómo era la vida del joven Justiniano, echemos un vistazo al mundo en el que le tocó vivir.

Justiniano nació en Tauresio, en la provincia romana de Dardania. En aquel entonces el Imperio romano ya se había fracturado y debilitado. El Imperio romano de Occidente había caído, y el Imperio romano de Oriente estaba amenazado por todos sus frentes. El Imperio romano de Oriente permanecería como el último reducto del Imperio romano hasta su caída en 1453; no sería hasta el 1557 que adoptaría el nombre de Imperio bizantino, como se le conoce en la actualidad. La vida para los que vivían cerca de las fronteras del imperio era bastante turbulenta, siempre bajo la amenaza de una posible invasión, e incluso los que estaban relativamente a salvo de la violencia seguían amenazados por la inestabilidad política y económica.

Se conoce muy poco del padre del niño, Sabbatius, o de su profesión. Probablemente era campesino, como la familia de su madre. Sin embargo, sería el padre adoptivo de Justiniano – su tío, Justino- el que cambiaría la suerte del joven Justiniano, y, así el porvenir del mundo.

La adopción

Justino habría comenzado su vida como un humilde campesino, pero siendo adolescente dejó su casa en la aldea de la que procedía y se marchó a Constantinopla en busca de una vida mejor. Se unió al ejército y peleó en numerosas batallas, avanzando en su carrera militar con gran rapidez hasta convertirse en el comandante de la guardia imperial, conocida como Excubitores. Estos guardias eran soldados de primer rango que habían probado tal lealtad y valía que se habían ganado el honor de proteger al gobernador, que en ese momento era el emperador Anastasio I.

Encontrándose en una posición de relativo poder e influencia, Justino tomó a su sobrino bajo su protección, lo adoptó (de ahí que tomara el nombre de Justiniano) y lo llevó con él a Constantinopla para que recibiese una buena educación. Como resultado, Justiniano recibió una educación que ya hubiese querido Justino para sí. Aprendió historia, teología, y teoría del derecho. Probablemente también ganase importantes habilidades oratorias. Algunas fuentes indican que el propio Justiniano también sirvió durante algún tiempo con los Excubitores.

Justiniano desarrolló un fuerte sentido de lealtad hacia Justino, su padre adoptivo, quien lo liberó de su vida de campesino dándole una educación e introduciéndolo en sociedad. En cambio, Justiniano apoyó a Justino en su ascenso al poder. Contra todo pronóstico, Justino estaba determinado en tomar el lugar del gobernante al que estaba encargado de proteger. Así, sirvió como senador hasta que la muerte sin herederos del emperador Anastasio en 518 dio lugar a un vacío de poder que muchos hombres poderosos desearían aprovechar.

El ascenso al Poder de Justino

El Senado celebró una reunión para decidir quién sería el siguiente gobernante del Imperio bizantino. No había tiempo que perder; el

Senado quería controlar la situación para asegurarse su propia permanencia en el poder, y había muchas tensiones entre los candidatos potenciales. Era importante evitar que cualquier conflicto o riesgo desestabilizara al gobierno, especialmente cuando la amenaza de invasión por parte de los territorios vecinos había debilitado al imperio. Después de un prolongado debate, Justiniano fue proclamado como sucesor de Anastasio en 518. Sin embargo, esto no significaba que pudiese relajarse: muchos estaban descontentos con esta elección, sobre todo los sobrinos de Anastasio, quienes se sentían con más derecho al trono.

Era urgente que Justino legitimase su derecho sobre el poder y les demostrase al Senado y al pueblo que él era la persona indicada para esta posición. La reafirmación de su poder vino de la mano de Justiniano, quien dio muestras de ser tremendamente inteligente y hábil en lo que se refería a planear y poner en marcha estrategias. Justino era analfabeto, hablaba latín (en vez de griego) y no había recibido apenas educación. Se había hecho a sí mismo, pero eso lo exponía a críticas y desconfianza, así que dependía mucho de sus consejeros. Justiniano fue su confidente más cercano, y se convirtió en una pieza fundamental de la regencia de Justino.

Con Justino I en el poder, Justiniano se deshizo de la amenaza que suponían sus rivales, a través de su ejecución y exilio forzado. También se aseguró la lealtad de los prisioneros a cambio de su libertad, y se aseguró de que el reinado de Justino estaba protegido por fuerzas militares eficientes. La regencia de Justino trajo un gran cambio al Imperio bizantino – él era un cristiano ortodoxo, mientras que los anteriores gobernantes habían sido monofisitas. La mayor diferencia entre las dos doctrinas es cómo perciben la naturaleza de Jesucristo. Así, el monofisismo sostiene que en Jesús solo está presente la naturaleza divina, pero no la humana. Estas diferencias desembocaron en enormes desacuerdos a nivel religioso y político entre las diferentes partes del entonces Imperio romano. Al reducir las diferencias entre la Iglesia católica de Roma y la Iglesia bizantina, y fortalecer los vínculos con Roma, Justiniano ayudó a Justino a llevar a cabo cambios religiosos de gran envergadura en el imperio.

Sin Justiniano, cabrían dudas de si Justino podría haber seguido en el poder. Sin embargo, Justiniano demostró ser un aliado leal y eficaz, y muchos de los escritores de la época atribuyen más poder a Justiniano que a su tío. Decididamente, el poder y la influencia de Justiniano aumentaban con el tiempo, igual que su ambición por restaurar el Imperio romano de Oriente a cómo había sido en sus mejores tiempos. Como político, solía frecuentar los eventos sociales y políticos más importantes de la época, que eran, sorprendentemente, las carreras de carros de combate.

Las Carreras de Carros de Combate

Imagine toda la pasión que las sociedades modernas profesan por los deportes de equipo como fútbol o baloncesto. Imagine entonces que solo hay dos equipos, el Verde y el Azul. Ahora imagine que estos equipos no solo son rivales en la pista, sino también son rivales políticos y religiosos. Imagine estadios enormes, conocidos como hipódromos, donde se pueden juntar hasta cien mil personas para presenciar las carreras y animar a su equipo. Incluso las mujeres, que estaban excluidas a menudo de otros deportes, podían asistir. La importancia de las carreras de carros de combate en el Imperio bizantino no puede ser infravalorada. Las carreras eran peligrosas, emocionantes y mucho más que un simple deporte. La gente apoyaba a su equipo con fervor, así que muchas veces las carreras desembocaban en altercados violentos. Justiniano era un gran seguidor del equipo Azul, y fue en este contexto donde conocería a otro fan del equipo Azul que cambiaría su vida para siempre.

Su nombre era Teodora, y juntos se convertirían en una de las parejas más poderosas que el mundo haya conocido nunca.

Capítulo 2 – La Emperatriz Teodora

Teodora nació alrededor del año 500. Si bien las fuentes varían en lo que respecta a sus orígenes, se cree que era de ascendencia griega-chipriota, y probablemente nacida en Chipre. Su padre trabajaba como entrenador de osos, brindando entretenimiento a las personas que acudían al famoso Hipódromo de Constantinopla - el mismo lugar donde se celebraban las carreras de carros-, pero murió cuando Teodora era muy joven. Su madre era actriz, así que cuando se vio viuda con hijos pequeños, se vio obligada a casarse de nuevo para asegurarse un futuro para su familia. Hay constancia de que cuando su marido murió y se casó de nuevo, presentó a sus hijas al equipo Verde y a sus miles de seguidores. Las pobres niñas tuvieron que convencer al público de que le diesen la oportunidad a su padre adoptivo de seguir con el mismo trabajo que había tenido su padre difunto. Cuando los Verdes las humillaron, el equipo Azul aprovechó la oportunidad de ganarse la simpatía del público y le ofrecieron un trabajo al nuevo marido de la madre de Teodora. Si bien este fue un caso bastante excepcional de cambio de lealtades de un equipo al otro, tuvo un efecto muy profundo en la vida de Teodora.

La Vida como Artista

Teodora era, supuestamente, muy hermosa y elegante. Con pocas opciones de ganarse la vida, Teodora y sus hermanas se convirtieron en artistas cuando eran aún muy niñas. Si bien la palabra artista se utilizaba comúnmente para referirse a las actrices, la palabra tenía ciertas connotaciones relacionadas con la prostitución, y la creencia general es que Teodora había sido prostituida cuando era niña antes de convertirse en actriz. Esto implicaba tanto llevar a cabo actos con contenido sexual en el escenario como en privado, realizando stripteases, acrobacias, bailes y juegos de rol. Su caracterización de la historia de Leda y el cisne, llevada a escena con gansos reales, era especialmente conocida. Era una industria lasciva, en donde se explotaba intensamente a las mujeres. La amenaza de pobreza y violencia era muy real, y tener éxito como actriz y prostituta era, muchas veces, la única opción de supervivencia para mujeres jóvenes como Teodora.

Conversión Religiosa

Cuando era adolescente, Teodora tomó una decisión poco convencional y abandonó su trabajo para viajar con un oficial que estaba de paso en su travesía a Libia. Vivió con él como su amante durante tres o cuatro años antes de viajar a Egipto, donde experimentó una conversión religiosa y se convirtió en firme adepta del cristianismo miafisita, cuyas bases defienden que la naturaleza de Cristo - mortal y divina- es, en realidad, una única naturaleza inseparable. Esto contrastaba con las creencias del emperador Justiniano I y del futuro marido de Teodora, Justiniano I. Cuando Teodora dejó Egipto, pasó una temporada con una amiga llamada Macedonia, quien se cree que era una bailarina y una espía, ocupación común durante aquellos tiempos de incertidumbre religiosa y política.

Teodora y Justiniano

La historia de cómo una prostituta de baja cuna se convirtió en una de las mujeres más poderosas sobre la faz de la tierra cautiva a mucha gente, cautiva a mucha gente, y sin embargo no sabemos exactamente cómo conoció a Justiniano o cómo era su vida juntos antes de casarse. Sabemos que volvió a Constantinopla cuando tenía 21 años, y tuvo que ser poco después cuando conoció a Justiniano.

En este momento, durante los años 518 a 521, Justiniano se estaba convirtiendo en una persona cada vez más importante para el emperador Justino. Lo había nombrado cónsul y comandante del ejército, y a pesar de su falta de experiencia como soldado, era un comandante en el que se podía confiar. Cuando Justino empezó a sufrir achaques de demencia senil -Procopio lo describía como un anciano tembloroso- Justiniano se convirtió en el gobernante de facto.

Cuando Justiniano y Teodora se conocieron, él tenía cerca de veinte años más que ella. Esto pudo haber suscitado algunos rumores, pero el hecho es que casarse con una actriz era ilegal para cualquier persona que detentase un cargo de senador, como lo detentaba Justiniano. Se creía que, a pesar de eso, vivían juntos, y Justiniano asumió la responsabilidad parental de la hija ilegítima de Teodora, una niña que supuestamente habría tenido cuando solo tenía catorce años. Justiniano crio a la niña como si fuera hija suya. Para legitimar la relación, Teodora y Justiniano tenían que casarse, pero fue otra mujer la que se interpuso entre ellos; la emperatriz Eufemia. Tía política de Justiniano, Eufemia había sido esclava y concubina antes de casarse con Justino y convertirse en emperadora, por lo que es quizás sorprendente que estuviese en contra de que Justiniano hiciese lo propio con Teodora argumentando su baja cuna y su dudosa reputación. En la época, muchos hombres poderosos se casaban habitualmente con mujeres de origen humilde que ganaban concursos de belleza, así que existía una tradición que habría podido ayudar a que esa relación se percibiese de manera más natural por parte de la sociedad; aun así, se seguía considerando un escándalo. Eufemia estaba dispuesta a impedir el matrimonio por todos sus medios, y no sería hasta después de su muerte en 532 o 524 que Justiniano cambiaría la ley para permitir el matrimonio y así adquirir la patria potestad de la hija de Teodora. Así, sobre el año 525, la pareja contrajo matrimonio.

Emperatriz Teodora

Justino I murió el 1 de agosto del 527, y Justiniano fue elegido como sucesor. A pesar de sus orígenes humildes — o quizás gracias a ellos— a Teodora le apasionaba la vida ceremoniosa de palacio. La coronaron emperatriz el mismo día que coronaron a su marido, cuando Justino murió. De hecho, Justiniano insistió en que su mujer debía ser coronada como su igual; ella tendría la capacidad de gobernar con él, más que simplemente ostentar el título de "emperatriz". Justamente dos años después de su matrimonio, antes del cual se la consideraba como de la más baja calaña, Teodora no solo estaba casada con un hombre al que amaba, sino que también se convertiría en la emperatriz del Imperio romano de Oriente.

Sus humildes orígenes no la habrían convertido en una persona humilde. Aparentemente, una visita a la corte de Teodora era una experiencia aterradora para cualquier oficial del gobierno. Ella le pedía a todo el mundo que se postrase ante ella, le besase los zapatos y se abstuviera de pronunciar cualquier palabra antes de que ella lo autorizase. Habiendo sido poco más que una esclava de los hombres de alto estatus, Teodora se aseguró que, como emperatriz, estos mismos hombres fuesen poco más que sus esclavos. En esta actitud subyace el principio de que cualquier poder es transitorio, y así lo refleja ella en una de sus frases más conocidas: "En cuanto a mí, acato la antigua máxima: la púrpura es la más noble mortaja".

Capítulo 3 – Rebelión, Revuelta y Reconstrucción

Justiniano I ascendió al poder en el año 527. A pesar de que ya había venido ejerciendo el poder de facto desde hacía algún tiempo, no todo el mundo estaba satisfecho con su sucesión. Los primeros años de su gobierno se vieron dificultados por multitud de problemas, y aun así estaba dispuesto a cumplir los objetivos que se había marcado con tal energía y determinación que se ganó el apodo del "emperador que nunca duerme".

Los objetivos de Justiniano eran ambiciosos y un tanto ostentosos; quería devolver al Imperio romano su antigua gloria, y volver a tomar el control sobre el Imperio romano de Occidente. Parte del plan era la unificación de la iglesia cristiana y la reforma legal. La reforma de las leyes sería una de sus prioridades más inmediatas y urgentes una vez llegado al poder, y serían uno de sus legados más importantes, cuyos efectos se siguen percibiendo hoy en día.

Justiniano reunió a un equipo, liderado por Triboniano, el más destacado jurista del imperio bizantino, para revisar y volver a redactar el código romano de manera integral. Así como hizo su predecesor Justino I, Justiniano se rodeó de consejeros competentes que podían ofrecer experiencia técnica. Al fichar a militares veteranos, podía asegurarse la confianza de las fuerzas armadas. Al reclutar ministros de finanzas que entendían y compartían los planes económicos del imperio, Justiniano podía recolectar impuestos de manera más eficiente, lo que aumentaría sus fondos y le permitiría llevar a cabo sus reformas y equipar a sus ejércitos de manera adecuada.

Desafortunadamente, fue esta política de emplear a consejeros expertos lo que desembocaría en su primera prueba como emperador; la gente no estaba satisfecha con la manera en que Justiniano estaba llevando los asuntos públicos, porque desconfiaban de sus consejeros y estaban descontentos con el sistema tributario y la reforma legal. Esto derivó en un malestar social; mientras que los consejeros de confianza de Justiniano estaban ocupados en el proyecto colosal de volver a redactar las leyes, la gente en las calles estaba rechazando la autoridad del propio emperador.

Los disturbios de Niká

Aunque la sedición de Niká solo duró cinco días, fue una de las rebeliones más sangrientas del Imperio romano de Oriente. El hipódromo fue el foco de la sedición. Las cuestiones sociales y políticas se dirimían durante las carreras, con el emperador sometido a una presión social cada vez mayor. Se increpaba al emperador entre carrera y carrera acerca de las políticas, el nombramiento de gobernadores, y sus reformas, lo que a veces daba lugar a altercados violentos entre las dos facciones, incluso bajo la vigilancia de los militares. Los asesinatos eran frecuentes, pero aquellos que se cometían en las carreras estaban penalizados con la muerte.

Esto es lo que sucedería en 532, cuando estalló la violencia en el hipódromo y un hombre fue asesinado a manos de unos asesinos que pudieron escapar y refugiarse en una iglesia. El pueblo estaba furioso; algunos defendían a los asesinos, otros intentaban matarlos. Justiniano tuvo que intervenir para calmar los ánimos; sabía que esta actitud era un síntoma de un malestar general. La gente no solo estaba asfixiada con impuestos, sino que no estaban contentos con su gobierno en general.

Para disipar la tensión, Justiniano anunció que se organizaría una carrera de carros. En vez de sentenciar a muerte a los asesinos, redujo su pena y los sentenció a cadena perpetua. Esto no satisfizo a nadie; los Azules los querían muertos, y los Verdes insistían en que los liberasen sin ninguna pena. Cuando llegó el momento de la carrera de carros, el ambiente estaba tenso. La afición de los Verdes y los Azules encontraron pronto un enemigo común - el propio Justiniano. Este motín se conocería como los disturbios de Niká porque sus partidarios cambiarían los cánticos habituales de cada equipo por la palabra "Nika", que significa "Victoria" en griego. Si Justiniano hubiese estado en el hipódromo, lo habrían asesinado, pero como estaba siguiendo la carrera desde su residencia (al otro lado del Hipódromo), lo que hicieron las masas es atacar el palacio y sitiarlo. Se formularon las demandas, y algunas fueron apoyadas por miembros del senado que querían aprovechar esta oportunidad para librarse de Justiniano. Entre estas demandas se solicitaba que se destituyese al gobernador responsable de los impuestos, Juan de Capadoccia, y al encargado de la reforma tributaria, Triboniano.

La violencia se extendió rápidamente por toda la ciudad, y aproximadamente la mitad de la ciudad ardió a resultas de este altercado, incluyendo muchos edificios históricos, como la Iglesia de la Santa Sabiduría (la que luego se conocería como Hagia Sophia), donde se coronó a Justiniano. Los rebeldes llegaron a nombrar a otro emperador, Hipatio, sobrino del emperador Anastasio (el que, como sabemos, había estado en contra del nombramiento de Justino I después de la muerte de su tío). Sin embargo, a pesar de contar con el apoyo popular, Hipatio nunca llegó a tener ningún poder real.

Bajo asedio, con la ciudad en llamas y el control en manos de facciones enfurecidas, Justiniano empezó a considerar el abandonar la ciudad. Estaba a punto de renunciar al poder y escapar en barco con sus consejeros y su esposa hasta que intervino Teodora, irrumpiendo en la sala donde se estaba decidiendo el asunto, yendo contra la costumbre de que la emperatriz interrumpiera una sesión del Consejo.

"Sobre si está bien visto o no que una mujer se presente ante hombres o se atreva a mostrarse cuando otros vacilan, no creo que sea este el momento más apropiado, ante la presente crisis, para discutir un punto de vista u otro. Pero cuando una causa corre el máximo peligro hay un solo y verdadero camino a seguir: aprovechar lo máximo posible la situación actual. Creo que en estos momentos la huida es inapropiada, incluso si lleva consigo la salvación. Todo hombre nacido a la luz del día debe morir antes o después. ¿Cómo podría permitirse jamás a un emperador ser un fugitivo? Que nunca me despoje de buena gana de mis ropas imperiales ni vea el día en que no se dirijan a mí por mi título. Si tú, mi señor, deseas salvar la piel, no tendrás dificultad en hacerlo. En cuanto a mí, acato la antigua máxima: la púrpura es la más noble mortaja"

El efecto de Teodora fue inmediato. En contra de lo que sugerían los consejeros, Justiniano se negó a capitular. En primer lugar, envió a Narsés, un eunuco liberto y gran general, para intentar convencer a los Azules para que apoyasen al emperador.

Los argumentos fueron a cual más decisivo: reparto de oro entre todos y el recuerdo de que Hipatio era de los Verdes. El soborno dio resultado y cuando se procedió a coronar al nuevo césar en el Hipódromo los Azules abandonaron el estadio, para desconcierto de sus traicionados aliados.

Claro que no tuvieron tiempo de reaccionar porque entonces se produjo la segunda parte del plan: las tropas del general Belisario, reforzadas por los contingentes de mercenarios hérulos del *magister militum* de Iliria, Mundo, entraron de pronto en el circo y degollaron a los Verdes. Más de treinta mil personas perdieron la vida en el Hipódromo ese día, y los disturbios de Niká fueron sofocados.

Justiniano se aseguró de que no quedase ningún vestigio de esta rebelión. El mismo Hipatio fue ajusticiado por insistencia de Teodora, igual que cualquier senador que lo había apoyado. De esta manera, los disturbios no solo sirvieron para que Justiniano se deshiciera de sus enemigos entre los Verdes y el Senado, sino que reafirmó su autoridad y mandó una advertencia a cualquier voz disidente que estuviese considerando atentar contra él en el futuro. Conservó su trono y reconstruyó Constantinopla con su habitual energía, construyendo algunos de los edificios más impresionantes de la ciudad, como Hagia Sophia. Esto ayudó a recuperar la confianza de sus ciudadanos. Con la rebelión sofocada, la ciudad recuperando su gloria y su reputación intacta, Justiniano estaba de nuevo en la posición de poder conseguir sus ambiciones. Ninguna era más importante, en esos momentos, que la reforma legal que tenía tantas ganas de emprender.

Capítulo 4 – Corpus Juris Civilis

Justiniano redobló sus esfuerzos en la reforma legal después de los disturbios de Niká. Para él, la reforma era esencial para el éxito de su gobierno. Nadie había emprendido tal tarea antes, pero Justiniano encontraba su motivación en la plétora de procesos judiciales innecesarios a los que estaban sometidos simplemente porque la ley no era clara o daba lugar a interpretaciones contradictorias. Había muchas inconsistencias, leyes que estaban obsoletas, e incluso contradicciones manifiestas. La única manera de simplificar el proceso era revisando sistemáticamente todos los componentes del código legal. Esto haría que su aplicación fuese más fácil y más efectiva. También permitiría imponerla en los lugares que Justiniano pretendía conquistar.

Se trataba de un proyecto arduo y difícil, porque suponía revisar todas las leyes. No se trataba solo del sistema criminal, sino de cualquier ley, como las que regulaban la herencia y el matrimonio. Se tenían que analizar miles de documentos de distintas fuentes, algunos de más de cien años de antigüedad. A Triboniano le habían encomendado la tarea de dirigir a un grupo de expertos y escribas para realizar el proyecto, aunque su popularidad había caído en picado desde los disturbios de Niká.

Una de las principales razones para revisar las leyes era, de hecho, conseguir la paz. La introducción al Código de Justiniano así lo explica:

> "El mantenimiento de la integridad del gobierno depende de dos cosas, la fuerza de las armas y la observación de las leyes, y es por este motivo por el que la afortunada raza de los romanos obtuvo poder y preminencia sobre cualquier otra nación, y lo seguirá haciendo para siempre, con la ayuda de Dios; ambas cosas se complementan, ya que así como los asuntos militares se garantizan gracias a las leyes, así las leyes se aplican a través de las armas"
>
> — Segundo Prefacio

En el año 534 se completó el borrador final del *Corpus Juris Civilis* ("Cuerpo de Derecho Civil"). Está compuesto por cuatro secciones diferentes.

Codex Justinianus

Compuesto por doce libros, el Codex fue la primera parte del *Corpus Juris Civilis* en ser completada. El Codex Justinianus reúne todos los edictos imperiales publicados desde los tiempos de Adriano en 117 hasta sus días. Se incluyó el último gran trabajo legal, el llamado Codex Theodosianus. Estas constituciones se organizaron según la materia. Justiniano contribuyó al códex, ya que formuló sus propios edictos, y una copia del Codex Justinianus con su propia legislación, datada del año 534, todavía existe.

Uno de los elementos más importantes del Codex Justinianus es la religión. El primero de los doce libros se dedica a las materias religiosas, y consagra la religión cristiana como la religión oficial del Imperio bizantino. Esta fue la manera en que Justiniano definiría la relación entre iglesia y estado; el estatus de ciudadano del imperio pasa por formar parte de la iglesia. La primera ley insiste en que todos los que habitan en el imperio deben ser cristianos, y prohíbe tanto la herejía como las prácticas paganas.

Digesto

También conocido en griego como *Pandectas* ("Enciclopedia"), el Digesto es una compilación de textos y opiniones legales. La idea subyacente es que estas obras jurídicas podrían ser utilizadas en la corte, permitiendo a aquellos involucrados en un pleito—y a los propios jueces— referirse a la doctrina y experiencia de los juristas romanos más respetados. El Digesto se componía de cincuenta libros que contenían doctrina jurídica organizada según la materia. La importancia del Digesto es que, a pesar de que los textos legales del pasado habían sido siempre parte importante del proceso legal, esta era la primera vez que se le otorgaba fuerza de ley. En vez de poder utilizarse como anécdota para informar un proceso, ahora se considerarían como legalmente vinculantes.

El Instituciones

Destinado fundamentalmente a facilitar el entendimiento de la ley, especialmente a los estudiantes de derecho, el *Institutiones Justiniani* ("Instituciones de Justiniano") era básicamente un tratado elemental de derecho. Contenía cuatro libros, cada uno dedicado a las cuatro secciones del *Corpus Juris Civilis*.

Las Novellae Constitutiones

Esta sección estaba reservada a las leyes nuevas (*novellae constitutiones* literalmente significa "nuevas leyes"). De esta manera, las otras secciones estarían terminadas mientras que la nueva legislación se incorporaría al *Novellae*. Esto es particularmente útil para los historiadores, ya que proporciona información sobre los cambios de las leyes a lo largo del tiempo, permitiéndoles seguir los cambios sociales y analizar el desarrollo de los derechos civiles para los grupos oprimidos, como las mujeres, niños y esclavos.

El impacto del Corpus Juris Civilis

El impacto del nuevo código legal de Justiniano no se puede infravalorar. Se añadieron leyes nuevas, y se revisaron partes del *Corpus*, pero la mayor parte de su obra permaneció en su versión original a través de los siglos. No solo permaneció vigente durante casi mil años, hasta el colapso del Imperio bizantino, sino que sentó las bases del sistema legal occidental. Las leyes que ahora rigen la mayoría de los países occidentales son una evolución del *Corpus Juris Civilis* desarrollado por Justiniano. Traducido del latín al griego, sentó las bases de la enseñanza del derecho en toda Europa, influyendo en los juristas a lo largo de la historia.

Teodora y las Leyes

Mientras Justiniano revolucionaba la manera en que la gente entendía la ley, cambiando el panorama jurídico del mundo para siempre, la emperatriz Teodora también estaba desafiando al status quo llevando a cabo reformas sociales que se convertirían después en ley. Justiniano diría de Teodora que era "su compañera de deliberaciones", implicando que los asuntos que preocupaban a Teodora también le preocupaban a él.

Teodora hizo especial énfasis en mejorar los derechos de la mujer en la sociedad. Su pasado como prostituta le incentivó a proteger a las mujeres forzadas a trabajar en el sexo. Teodora se aseguró de ilegalizar la prostitución forzada y escribió un tratado para ilegalizar el proxenetismo. Los burdeles se clausuraron, y las mujeres que habían sido forzadas a ejercer la prostitución recibieron ayudas de palacio. Incluso se tiene constancia de que Teodora compró a mujeres que estaban en venta (se podía comprar a las mujeres por un precio tan bajo como un par de sandalias) para liberarlas después. También se abrió un convento para acoger a aquellas mujeres que escapaban de la prostitución.

Pero a Teodora no solo le interesaba la prostitución; también llevó a cabo reformas revolucionarias en el ámbito de los derechos de propiedad de las mujeres, el matrimonio y el divorcio. Las mujeres tendrían más derechos de tutela sobre sus hijos, algo que se les había negado hasta ese momento. También promulgó leyes anti-violación en las que se castigaba la violación con la pena de muerte, y revocó la sentencia de muerte para las mujeres que cometiesen adulterio.

Sus avances espectaculares como defensora de los derechos de las mujeres tienen que analizarse tomando en cuenta los informes que la señalan como una persona que detestaba a las mujeres de alto estatus que pretendían "rescatan" a mujeres que quizás no querrían ser rescatadas. Sin embargo, también hay que tener en cuenta que todas las memorias de la vida y las acciones de Teodora fueron escritas por hombres que se sintieron escandalizados, si no amenazados, por ella. No cabe duda de que los cambios emprendidos por Teodora cambiaran la vida de muchas mujeres de las capas más bajas de la sociedad por completo, y como estos cambios se reflejaron en leyes, esta protección se extendería a las mujeres por muchos años.

Capítulo 5 – La Expansión del Imperio

Una vez sofocados los disturbios de Niká, restaurada la ciudad de Constantinopla, y con su equipo de expertos trabajando en el *Corpus Juris Civilis*, el emperador Justiniano I se enfocó en su último objetivo: la restauración del Imperio romano.

Antes de que pudiese expandir su territorio y reclamar la tierra y las gentes que se habían perdido en el colapso del Imperio romano, tuvo que, primero, poner fin a la guerra contra el Imperio sasánida, una dinastía persa, que había heredado de su tío el emperador Justino I. Entre los años 527 y 532, las fuerzas romanas de Justiniano combatieron a los sasánidas por el control de la frontera este del imperio bizantino. Hubo victorias y derrotas en ambos bandos, y solo terminó después de la muerte del rey persa Kavad I. Este suceso le dio la oportunidad a Justiniano de firmar un tratado de paz con el nuevo rey, Khosrow I, al que le pagó once mil libras de oro. A cambio de esta suma obtuvo la paz y la protección de la frontera este de su imperio, lo que le permitió concentrarse en reclamar el territorio al oeste, hacia la propia Roma.

Guerra contra los Vándalos

En el año 533, las fuerzas de Justiniano invadieron el territorio del reino vándalo. Los vándalos eran poderosos. De origen germánico, habían luchado contra multitud de enemigos formidables, incluyendo los hunos y los godos. Invadieron y se asentaron en el norte de África en el 429, donde establecerían un reino en el 439. Los vándalos habían saqueado Roma en el año 455, pero las relaciones entre éstos y el Imperio romano de oriente habían sido cordiales hasta que el rey vándalo Hilderic fue derrocado: en ese momento le pidió apoyo a Justiniano para derrotar al usurpador, el primo de Hilderic, Gelimer.

Justiniano encargó a su mejor general, Belisario, comandar un batallón de quince mil hombres, así como un ejército de bárbaros. Los vándalos contaban con unas fuerzas que doblaban a las de Justiniano, pero el ataque les pilló desprevenidos, en época de paz, cuando el ejército no estaba entrenado ni tenía provisiones. Como resultado las tropas de Belisario fueron capaces de derrotar a los vándalos en la batalla de Ad Decimun el 13 de septiembre del año 533. La victoria romana fue, en parte, gracias a la falta de liderazgo del rey Gelimer, distraído por la muerte de su hermano. Poco después de la batalla, Belisario tomó Cartago, y aunque era demasiado tarde para rescatar al derrocado rey Hilderic (al que asesinaron cuando Gelimer recibió las noticias de la llegada de las tropas romanas), sí que pudo disfrutar de un festín suntuoso que había sido preparado para el mismísimo rey.

El rey Gelimer, su familia y allegados escaparon a Numidia, donde buscaron refugio en las montañas después de que las tropas romanas tomasen el control de Cartago. Poco después fueron sitiados por los hombres de Belisario, y bajo amenaza de morir de hambre, se rindieron en la primavera de 534. Llevaron a Gelimer a Constantinopla y lo exhibieron en las calles, pero obtuvo clemencia y se le concedieron unas tierras en Galatia (en la moderna Turquía), donde vivió durante muchos años.

La victoria sobre los vándalos significaba que Justiniano podría reclamar territorio no solo en el norte de África, sino también en los territorios de Córcega y Cerdeña, así como en las Islas Baleares.

Reclamar Italia

En 535, Justiniano retiró a Belisario de África y lo envió a Sicilia. Como era costumbre en las operaciones militares de Justiniano, este se abstuvo de participar en la batalla, mandando a sus mejores hombres, como Belisario, a liderar sus ofensivas. La situación política en Italia se había sumido en un caos debido a la pugna de poder entre los ostrogodos.

Los ostrogodos, la rama más oriental de los godos, habían invadido y establecido el reino ostrogodo de Italia en el 493. En 534, el rey ostrogodo Athalaric murió, y los ostrogodos se habían enzarzado en una lucha interna por quien debería gobernar. La madre de Athalaric, la reina Amalasuntha, fue encarcelada por Theodahad, que había reclamado el trono después de la muerte de Athalaric. Procopio cuenta que Justiniano y Amalasuntha tenían una relación diplomática muy estrecha, así que Justiniano quería que estuviese en libertad. Su muerte, mientras permanecía bajo "cuidado" de los guardias de Theodahad, apuntaba a un asesinato bajo las órdenes de Theodahad. Esta era la oportunidad que Justiniano necesitaba para entrar en Italia bajo el pretexto de ayudar a restaurar la monarquía.

En 535, Belisario tomó a siete mil quinientos hombres y empezó la invasión de Sicilia, donde apenas encontró oposición. Alentados por su éxito, las tropas continuaron su invasión del continente, empezando por Nápoles, y siguiendo por Roma, después de haber sido invitados por el papa. A estas alturas, los ostrogodos habían reemplazado a Theodahad por un nuevo rey, Vitigis. Este no estaba dispuesto a renunciar a su reciente nombramiento sin antes pelar, y se decidió a reclamar Roma, asediando la ciudad. Sin embargo, después de un año de asedio, Roma permanecía bajo el control de las fuerzas de Justiniano. En vez de rendirse, Justiniano envió refuerzos, esta vez al general Narsés. Si bien tuvieron éxito y pudieron tomar Milán, volvió a caer poco después bajo el control de los ostrogodos, y Narsés fue retirado poco después por culpa de un conflicto entre él y Belisario. Italia parecía más difícil de conquistar de lo que se habían esperado.

En 540, Belisario siguió la conquista de Italia hacia el norte, hacia Ravena. Ravena era la capital del territorio ostrogodo, y conquistarla supondría que Belisario habría derrotado a los ostrogodos. Sin embargo, le ofrecieron la oportunidad de convertirse en nada menos que el emperador del imperio romano de occidente. Belisario aceptó la oferta y entró en la ciudad. Sin embargo, no tenía ninguna intención de traicionar a Justiniano, y en cuanto entró en la ciudad, sin resistencia, bajo pretexto de convertirse en el emperador, sus hombres fueron capaces de tomarla para Justiniano. Volvió a Constantinopla con el rey Vitigis como prisionero.

Problemas en el Imperio sasánida

Los triunfos en Italia duraron poco, porque Justiniano se vio obligado a pedirle a Belisario que volviese para solucionar nuevas disputas con el imperio sasánida, a principios de los años 540. Otra de las razones para esta retirada es la evidente envidia que Justiniano tenía de la popularidad de Belisario. Empezaba a tener miedo de que se revelara contra él. El acuerdo de paz firmado con los persas se había roto porque el rey Khosrow I decidió invadir territorios del Imperio romano de Oriente. Justiniano no tenía otra opción más que cumplir las peticiones del rey persa, y tuvo que sacrificar muchas toneladas de oro como tributo para proteger su imperio. Belisario pudo cosechar algún triunfo ante las tropas persas, pero estaban muy igualados, y adolecían bajo los efectos de un brote de plaga. La guerra contra el Imperio sasánida continuó hasta el año 562. Todos los acuerdos de paz resultaban demasiado frágiles. Y con la mirada de Justiniano y sus generales puesta en los sasánidas, las cosas en Italia iban de mal en peor.

Guerra en Italia

En 541 los ostrogodos empezaron a lograr avances reales en su objetivo de reconquistar los territorios de los que Justiniano se había apropiado. Esta guerra duró del 541 al 554. Los ostrogodos empezaron por conquistar las ciudades y pueblos más importantes del sur del país y luego continuaron hacia el norte hasta que controlaron la mayoría de Italia. De nuevo, fue Belisario el enviado para afrontar el desafío de reconquistar Italia. Después de un gran éxito contra una flota de barcos enemigos, Belisario se encontró sin recursos y sin capacidad de hacerles frente a los ostrogodos. Ambos bandos experimentarían grandes éxitos seguidos de derrotas posteriores; la propia ciudad de Roma fue conquistada y reconquistada varias veces por ambos bandos. Belisario fue destituido de sus funciones en 548, reemplazado por el general Narsés.

En 552, en un paso decisivo, Justiniano envió más de treinta mil hombres a Italia, dispuestos a atacar la capital ostrogoda de Ravena bajo las órdenes del general Narsés. Les llevó semanas derrocar al rey godo Totila. Poco después tuvo lugar la batalla de Mons Lactarius. Este sería el momento decisivo para vencer a los ostrogodos, preparando el camino para que Justiniano reclamase Italia. Los frentes de resistencia ostrogoda tenían que ser eliminados, y la amenaza de invasión de los territorios fronterizos tenía que ser sofocada, así que se enviaron grandes batallones de soldados para defender el territorio. Procopio estimó que esta guerra supuso la muerte de quince millones de personas entre la población ostrogoda. Italia era ahora parte del Imperio romano Oriental – Justiniano había conseguido reclamar la capital original del Imperio romano. Los ostrogodos que sobrevivieron a la masacre fueron asimilados a los lombardos, una tribu germánica que posteriormente establecería su propio reino en Italia en 568, y gobernaría en gran parte de la península hasta el 774.

Expansión, Expansión, Expansión

Justiniano estaba absolutamente decidido a seguir expandiendo su imperio y aprovechó cualquier oportunidad para avanzar en otros territorios. El ejército de Justiniano entró en Hispania, de nuevo con el pretexto de ofrecer ayuda en un período de inestabilidad política, y conquistaron una extensión de tierras en el sur del país, fundando Spania en 552. También se aseguró de proteger sus propias fronteras con rigor; las amenazas de incursiones en los Balcanes se enfrentaron con fuerza y diplomacia. Justiniano tuvo cuidado de encontrar un equilibrio entre expandir el imperio y defender las fronteras.

En su momento más álgido, el territorio de Justiniano (lo que se conocería como el Imperio bizantino) se extendía por todas las orillas del Mediterráneo.

Capítulo 6 – Religión

Después de que el gobierno del Imperio romano oriental fuese asumido por Constantino I en el año 312, el cristianismo se convirtió en la religión oficial. Constantino había experimentado una conversión religiosa al cristianismo, fijándose la misión de fundar una gran ciudad que uniese a las personas y actuase como el centro mundial del cristianismo. Esta ciudad sería Constantinopla, fundada en el 330 en la antigua ciudad de Bizancio. Constantinopla sería el foco del cristianismo en oriente.

El papel de Justiniano en la religión

Como emperador del imperio romano de oriente, donde Iglesia y Estado estaban íntimamente ligados, Justiniano era tanto una figura religiosa como un líder político. Justiniano asumió con convicción la vertiente religiosa de su posición, e implementó numerosas reformas religiosas. Justiniano era un ferviente adepto de la Iglesia cristiana ortodoxa, y entendía que la única fe del imperio era la ortodoxa. Así lo mandó promulgar por ley. Además, se oponía a cualquier otra forma de cristianismo y consideraba las prácticas paganas como herejía.

Justiniano y Teodora – Conflicto religioso

La pareja formada por Justiniano y Teodora, si bien fue considerada como de las más poderosas de la historia, tenía grandes desacuerdos en materia de doctrina religiosa. Los separaban los mismos aspectos que separaban al mundo cristiano de la época, dividido entre la doctrina monofisita y el credo de Caledonia. Los emperadores anteriores se habían mostrado tolerantes con las diferentes corrientes cristianas y sus creencias, lo que les había ganado muchas tensiones entre ellos y los líderes en Roma. Justiniano pretendía cambiar esto; quería acercarse a Roma, y eso implicaba rechazar el monofisismo.

El monofisismo sostiene que en Jesús solo está presente la naturaleza divina, pero no la humana. Esta doctrina fue declarada como herejía por el Concilio de Caledonia del año 451, en el que se estableció la dobla naturaleza de Cristo (la humana y la divina). Esta creencia en la dualidad de Cristo se conoce como diofisismo. El monofisismo estaba muy extendido en Siria y Egipto. La emperatriz Teodora, como ya se ha señalado, se convirtió a esta doctrina como resultado de su viaje a Egipto.

Justiniano estaba en contra del monofisismo, por razones religiosas y políticas, ya que los monofisitas siempre se habían enfrentado al gobierno de Constantinopla. Sin embargo, no quería aislar ni a su mujer ni a las provincias orientales en donde se practicaba el monofisismo. A la vez, era consciente de que permitir el monofisismo en el imperio lo alejaría de Roma. Entonces, intentó llegar a un compromiso aceptable para todos. Intentó manipular a figuras religiosas respetadas e incluso retuvo al papa Vigilio - considerado como el primer papa bizantino - en Constantinopla contra su voluntad para intentar que dictase permisos para practicar el monofisismo

Sin embargo, estos intentos fueron inútiles. De hecho, resultaron contraproducentes, ya que hicieron que el Concilio de Constantinopla se reafirmase en la doctrina Calcedonia en el 553. En vez de llegar a un compromiso o tolerancia religiosa entre ambas fes, Justiniano solo consiguió oponerlas más. Los monofisitas se sentían oprimidos, y los líderes religiosos sentían que sus instrucciones no eran respetadas. El trato otorgado al papa por Justiniano le valió una condena de Roma, y el conflicto derivó en un cisma religioso incluso mayor que el que se había querido evitar.

Por lo que se sabe, Teodora no habría renunciado a sus creencias monofisitas. Intentó oponerse activamente a los esfuerzos de Justiniano de promover la doctrina caledonia, llegando incluso a fundar un monasterio para ofrecer santuario a los líderes monofisitas, e invitando a aquellos en peligro a refugiarse en su palacio en Constantinopla. Colocó a patriarcas monofisitas en posiciones de poder, muchas veces a expensas de Justiniano. Como resultado, se culpó a Teodora de intentar desafiar la unidad religiosa del imperio, y se la acusó de herejía.

Sorprendentemente, hacia finales de su vida Justiniano se inclinó hacia la doctrina monofisita, ofreciendo a su vez protección a sus líderes y genuinamente interesado en debates teleológicos. Los historiadores se preguntan si es que era una persona de fe, o si utilizó la religión como un arma política para ganarse al pueblo. Hacia el final de su vida, cuando su poder se estaba tambaleando, parece que invertía todo su esfuerzo en su desarrollo espiritual. A él se le atribuye la frase: "Dos dones grandísimo se han dado a los hombres por la soberana clemencia de Dios, el sacerdocio y el imperio".

La vida y la política religiosa bajo Justiniano

Al igual que en lo relacionado con la administración secular, el despotismo imperial pasó también a la política eclesiástica de Justiniano. A pesar de los obstáculos que enfrentó en materia doctrinal, su empeño por imponer su fe terminó por regular la religiosidad de todos sus ciudadanos. Sus creencias religiosas se promulgaron por ley en el Código Justiniano, y los obispos tenían que seguir sus deseos y órdenes. Normas estrictas de carácter legal controlaban al clero y a la administración eclesiástica, pero también se protegió al monasticismo, garantizando a los monjes el derecho a heredar la propiedad de ciudadanos privados y el derecho a recibir regalos del tesoro imperial o incluso de los impuestos.

La Hagia Sophia fue el monumento religioso más impresionante que construyó Justiniano. Cuando se terminó en el 537, se dice que miró hacia arriba y exclamó "Gloria al Señor que me consideró digno de terminar esta obra. Salomón, te he superado". La Hagia Sophia constaba de varios altares, capillas y arte sacro, y de los famosos mosaicos (muchos de los cuales representan a Justiniano y Teodora). Bajo el gobierno de Justiniano también se terminaron otras iglesias, monasterios y monumentos religiosos.

Persecución Religiosa

La persecución religiosa de aquellos acusados de seguir creencias paganas era absoluta. Se llegaba a castigar incluso a los ciudadanos del más alto estatus por seguir cualquier práctica considerada pagana. Estas prácticas tampoco estaban permitidas en privado. Justiniano ordenó la destrucción de lugares en donde se realizaban rituales paganos, como el culto a Amun e Isis. Los obispos eran enviados como misioneros para convertir a los paganos, como Juan de Éfeso, que viajó por Asia Menor. Justiniano también clausuró la famosa Academia de Atenas y exilió allí a los maestros paganos.

Mientras que la religión judía no estaba prohibida, los judíos no podían disfrutar de sus libertades civiles, y Justiniano cambió la gestión de las sinagogas y la doctrina que se profesaba en ellas. Cuando se enfrentaba con algún tipo de resistencia, como por parte de los samaritanos, Justiniano procedía de inmediato a perseguir a aquellos que no se quisiesen convertir. Esto dio lugar a un violento conflicto entre cristianos y samaritanos, un grupo étnico muy ligado a los practicantes del judaísmo. Los maniqueos, un grupo religioso mayoritario fundado por un profeta iraní, estaban entre los más perseguidos, y se cuenta que Justiniano mandó quemar y ahogar a maniqueos en su presencia.

Justiniano consiguió avocar las políticas eclesiásticas impuestas por sus predecesores que permitían el monofisismo y creaban una fractura entre Roma y Constantinopla. Esto permitió profundizar en la relación entre oriente y occidente y le valieron la fama de haber restaurado el imperio romano. Sin embargo, el conflicto entre las doctrinas persistía, y dio como resultado la persecución de aquellos que no comulgaban con las doctrinas de Justiniano. Para los lectores modernos, su política religiosa podría parecer extrema, con un imperio autoritario que oprimía las creencias religiosas de sus ciudadanos. Pero, en la época, el emperador era considerado el representante de Dios en la tierra, y su autoridad religiosa era infalible. El Imperio romano de Oriente y la iglesia cristiana ortodoxa estaban indisolublemente conectados, la doctrina religiosa estaba amparada por la ley y las decisiones políticas estaban unidas a objetivos religiosos. Como resultado, la iglesia ortodoxa se fortaleció y empezó a extenderse por Europa del Este, y después a través del mundo. La iglesia ortodoxa moderna cuenta con doscientos sesenta millones de miembros.

Capítulo 7 – La vida bajo el gobierno de Justiniano

A Justiniano se le conoce por haber revisado las leyes romanas y por el impacto de su reinado en el panorama religioso del imperio. Sin embargo, también se le reconoce su legado arquitectónico, el apoyo a las artes, y el desarrollo económico del imperio romano de oriente bajo su gobierno. Actualmente, no podríamos saber con certitud cuánto de su interés artístico era genuino y cuánto era un esfuerzo para asegurarse su propio legado dinástico compitiendo con el padrinaje artístico de otras figuras importantes.

Arquitectura

Después de los disturbios de Niká, Justiniano se propuso reconstruir Constantinopla, de manera que la reconstrucción mejorase el estado original de los edificios. La Hagia Sophia, diseñada por Isidoro de Mileto y Anthemio de Tralles, es uno de los ejemplos más famosos, representando un hito en la arquitectura bizantina que influiría en la arquitectura de los edificios de todo el imperio y más allá. Sin embargo, esto solo representó la punta del iceberg de la ingente reconstrucción urbana que llevó a cabo Justiniano. El escritor Procopio tenía la tarea de registrar los triunfos arquitectónicos del emperador en un tratado al que tituló *Los*

Edificios. Construyó muchas iglesias nuevas, incluyendo la famosa "Iglesia de los Santos Apóstoles", y una variedad de edificios seculares. La arquitectura era avanzada, así como las decoraciones dentro y fuera de los edificios. Se emplearon a artistas para crear esculturas, cuadros, y elaborados mosaicos para adornar los edificios más importantes, y Justiniano se aseguró de que siempre hubiese fondos disponibles.

Infraestructuras

En la época también se consiguieron importantes avances en las infraestructuras. Se construyeron extensas fortificaciones para proteger las fronteras del imperio, así como una compleja presa en Dara, un asentamiento fronterizo, para prevenir las inundaciones. Constantinopla estaba creciendo, y para asegurarse la provisión de agua se construyeron cisternas subterráneas. La mayor de ellas es la Cisterna Basílica. Pero aún persisten cientos de ellas bajo Estambul, donde yacía Constantinopla. También se construyeron nuevos puentes para facilitar los viajes, el comercio y las maniobras militares. El más impresionante es el puente Justiniano de 430 metros (equivalente a casi 1.411 pies), también conocido como el puente Sangarius, construido para conectar a Constantinopla con las provincias orientales. Por otra parte, frecuentes terremotos asolaban las ciudades del imperio romano oriental, y Justiniano reparaba los daños de manera diligente.

Las artes decorativas

Los dípticos eran una de las obras artísticas que recibieron el favor del emperador Justiniano. Se trataban de elaborados paneles de marfil, de producción tradicional, que representaban al emperador y a símbolos imperiales, como los acanthus, leones y escenas religiosas.

La pintura de iconos también tuvo mucha popularidad bajo el gobierno de Justiniano. Se trataba de la pintura de escenas y símbolos religiosos usando una técnica tradicional con pigmento y cera caliente. Los dípticos e iconos normalmente se enviaban a monasterios o dignatarios como regalo de Justiniano. Como resultado, existen muchas obras de arte de esta época por todo el Imperio romano oriental.

Literatura

Justiniano también era un apasionado de la literatura, especialmente de las crónicas históricas. En esta época proliferaron famosos escritores, siendo Procopio uno de los más conocidos. La poesía también era muy respetada. El poeta e historiador Agathias compuso varios epigramas, poemas, ensayos y obras históricas.

Uno de los poetas favoritos de Justiniano era Pablo Silenciario, que compuso el siguiente poema sobre la emperadora Teodora:

Teodora, por Pablo Silenciario

> Escasamente ha pintado el lápiz
> Los ojos de la mujer,
> Pero no todo su cabello ni
> La belleza suprema de su piel.
> Si alguien pudiese pintar el esplendor del sol,
> Pintaría el esplendor de Teodora.

Agricultura

La principal fuente de ingresos del imperio de Justiniano era la agricultura. Bajo Justiniano, el comercio floreció y lo producido se vendía dentro y fuera del imperio. El trigo del Imperio bizantino llegaba a la India. El comercio bizantino llegó incluso a Inglaterra, donde se obtenía estaño. Para facilitar el comercio agrícola, Justiniano construyó grandes graneros para almacenar la producción en puntos estratégicos de la ruta.

Seda

La producción de seda se introdujo en tiempos de Justiniano. Había sido un producto clave en el comercio internacional entre los países del Este de Europa a través de los siglos. La seda se introdujo en el imperio desde China, y allí se procesaba y luego se comercializaba. Entonces, dos monjes tuvieron éxito en sacar de contrabando huevos de gusano de la seda desde Asia Central hasta

Constantinopla, lo que permitió que la seda se convirtiese en un producto de fabricación nacional.

Economía y Administración

El Imperio romano de Oriente ya contaba con superávits cuando Justiniano se convirtió en emperador. Las arcas estabas repletas, pero existía mucha corrupción y la recaudación de impuestos era ineficaz. La reforma tributaria emprendida por Justiniano le permitió reducir la corrupción y optimizar la recaudación. Esto coincidió con una campaña para simplificar los complicados – y frecuentemente contradictorios- procedimientos administrativos. De igual manera que Justiniano intentó revisar y reformular la ley para que fuese más fácil de entender y aplicar, también homogeneizó los procedimientos administrativos, deshaciéndose de puestos innecesarios y redistribuyendo el equilibrio de poder entre las distintas provincias. Como resultado, Justiniano consiguió aumentar los ingresos del imperio e invertirlos en campañas militares, infraestructura y proyectos de construcción.

La peste, desastres naturales y la guerra

La vida de los ciudadanos del Imperio bizantino mejoró sin duda bajo el gobierno del emperador Justiniano I; experimentaron mayor estabilidad, desarrollo económico, menos corrupción y leyes y procedimientos administrativos más simples. Se promovía la educación, y el énfasis que Justiniano ponía en el comercio empujaron el desarrollo, a su vez, de la agricultura y la minería, lo que resultó en una subida de ingresos para la mayoría de los ciudadanos. Sin embargo, también se plantearon ciertos obstáculos ante este proceso.

Las guerras en Italia y Persia suponían una gran fuga de fondos para las arcas del imperio, y la amenaza de invasores oportunistas en las fronteras era constante. La persecución religiosa complicaba la vida a aquellos que no conformaban con las leyes religiosas de Justiniano, y los conflictos entre sectas religiosas eran frecuentes.

El rápido brote de una epidemia de plaga bubónica, conocida como la plaga de Justiniano, arrasó el imperio romano de oriente entre los años 540 y 543, impactando negativamente en la economía y devastando la población: hubo millones de muertos. El mismo Justiniano sufrió de peste, sobrevivió y se recuperó, lo cual estaba fuera de los estándares de la época. En su punto álgido, la plaga de Justiniano podía terminar con la vida de cinco mil personas al día en Constantinopla. Era imposible deshacerse de tantos cadáveres, lo que incrementaba la expansión de la plaga. Se cavaron fosas comunes, se llenaron torres con los cadáveres para sellarlas después, y los cuerpos que se enterraban en el mar volvían a la superficie.

Quizás uno de los obstáculos más inesperados en el día a día de la época era la inexplicable polución que reinaba en el ambiente: el polvo y el humo bloqueaban la luz del sol, causando falta de alimentos y que la gente se enfermara. Esta extraña circunstancia es probable que fuese debida al paso de un cometa, la erupción de un volcán o a una combinación de ambos. A esto le siguió un gran terremoto en 551, lo que causó un tsunami devastador que se llevó por delante la vida de alrededor de treinta mil personas.

Es comprensible que la gente de la época creyera que estaban recibiendo un castigo divino. De hecho, esta época estuvo marcada por mucha superstición. Muchas personas pensaban que la plaga era la manifestación del mal y buscaron exorcizar a las personas que sufrían de esta enfermedad. Con la enfermedad aniquilando a grandes cantidades de la población, los desastres naturales y las extrañas condiciones climáticas, las personas bajo el Imperio bizantino vivían en unas condiciones muy inestables.

Capítulo 8 – El Declive de Justiniano

En el 548, Teodora, la adorada esposa de Justiniano y la emperatriz del Imperio romano de Oriente, murió después de haber pasado una enfermedad que los historiadores contemporáneos identifican como cáncer. Esto supuso una tremenda pérdida para el emperador, quien perdió no solo a su mujer, sino a su más próxima consejera. Teodora reinó junto a Justiniano, como su igual. Las fuentes históricas nos dicen que Justiniano estaba muy emocionado en su funeral, llorando desconsoladamente.

La pérdida de Teodora se considera un punto de inflexión en la vida de Justiniano. Dejó de prestar atención a los detalles prácticos del gobierno del imperio, para entregarse a los asuntos teológicos. Mantuvo su promesa a Teodora y siguió protegiendo a las comunidades monofisitas, quienes habían siempre disfrutado de su amparo. Hacia el final de su vida, sus propias creencias empezaron a inclinarse a la doctrina monofisita.

Mientras Justiniano se alejaba de los asuntos políticos y empezaba a ocuparse de los espirituales, numerosos desastres asolaron al imperio en un corto período de tiempo. En el 556 ocurrió una gran revuelta de los samaritanos, lo que desató tensiones religiosas y obligó a las fuerzas militares a restaurar el orden. Menos de un año después, otro terremoto causó serios daños en Constantinopla, dañando incluso la famosa cúpula de Hagia Sophia. Esto coincidió con un retorno de la plaga, lo que causó un pánico generalizado.

En el año 559, el Imperio romano de Oriente sufrió una gran invasión por parte de los hunos. Estas tropas cruzaron el Danubio, congelado, se separaron y atacaron la frontera norte del imperio. El batallón principal llegó hasta Constantinopla, y tuvo que ser sofocado por el general Belisario, a quien Justiniano sacó del retiro, y por un ejército de veteranos y soldados a sueldo. Justiniano aseguró su frontera a cambio de permitirles a las fuerzas invasoras un paso seguro de vuelta a través del Danubio. Sin embargo, una vez que cruzaron el río, los esperaba un ataque de los enemigos de los hunos, los utigaros, quienes ayudaron a los bizantinos a deshacerse de esta amenaza. De cualquier manera, la defensa de los Balcanes flaqueaba, y los ataques se habían vuelto cada vez más comunes.

El ataque de Constantinopla había tenido un efecto devastador en la moral de la ciudad, y esto combinado con la escasez de alimento, produjo un malestar social. La violencia y los saqueos brotaban por doquier, el imperio estaba en déficit y Justiniano se vio forzado a pedir préstamos y los comerciantes estaban descontentos. En 562 hubo una conspiración para derrocar a Justiniano. Varios comerciantes planearon destituir a Justiniano y, aunque no lo consiguieron, este intento dice mucho de cómo había cambiado su popularidad entre los ciudadanos. Todo esto implicó que, cuando Justiniano murió de causas naturales a los 83 años un 14 de noviembre de 565, en vez de lamentos se experimentó un alivio general y, en algunos lugares, incluso alegría.

Justiniano siempre había confiado en los conocimientos de consejeros expertos, y en los últimos años de su vida se dejó asistir por su sobrino Justino, casado con su sobrina, Sophia.

Fue declinando su posición de poder de manera gradual, y era reacio en nombrar a un sucesor, aunque Justino parecía el mejor candidato. Sin hijos para heredar su trono, cualquier sucesor nombrado habría significado una amenaza a su propio poder. La historia de la muerte de Justiniano se construyó cuidadosamente por parte de las personas que lo rodeaban, para que no cupiese la menor duda de quién debía ser su sucesor. Así, uno de los testigos de su muerte fue, supuestamente, un miembro de la corte llamado Callinico, que anunció que, en su lecho de muerte, Justiniano había nombrado a su sobrino como su sucesor, así que el paciente Justino fue inmediatamente coronado como emperador. Multitud de ciudadanos se reunieron para ver la procesión fúnebre de Justiniano, y su cuerpo fue enterrado en la Iglesia de los Santos Apóstoles, donde descansó en paz hasta el 1204, cuando las Cruzadas saquearon su mausoleo.

Justino II

Justino II fue rápidamente aceptado como el nuevo emperador del Imperio romano de Oriente; tenía conexión familiar con Justiniano, había trabajado con él y gozaba del apoyo del líder de los Excubitores, Tiberio. Justino II se puso rápidamente a trabajar para solucionar los problemas del imperio como a él mejor le pareció. Pagó toda la deuda de su predecesor, proclamó la tolerancia religiosa, y se cuidó de ganarse el favor de la aristocracia. Esto lo dejó con unas arcas vacías y mucha gente a la que agradar, así que Justino dejó de pagar los impuestos que habían sido cruciales para mantener la paz con los territorios vecinos.

Como resultado del debilitamiento del Imperio bizantino y el cese del pago de impuestos, el gobierno de Justino II estuvo marcado por las guerras, en especial contra el Imperio sasánida. Las derrotas militares se sucedían, y con el Imperio bizantino bajo amenaza por todos sus flancos, el sentido de invencibilidad que una vez acompañara a Justino le abandonó, y sucumbió a un trastorno mental. En los brotes de este trastorno, supuestamente se comportaba como un animal salvaje, saltando de las ventanas y atacando a sus sirvientes hasta el punto de que existían rumores de que se habían comido a dos de ellos. Para mantenerlo sereno, lo llevaban en silla de ruedas por el palacio mientras sonaba música de órgano. En resumen, no estaba en condiciones de gobernar.

La enfermedad de Justino II hizo que su mujer Sophia lo lograse convencer de adoptar Tiberio como su hijo y después abdicar en él. Cuando transfirió el control del imperio en el 564, hay registros de Justino dando un discurso muy elocuente, aconsejando a su sucesor en cómo gobernar, lo que sugiere que aún era capaz de expresar gran lucidez y elocuencia.

> He sido víctima del esplendor de la diadema; pero tú sé sabio y modesto; recuerda lo que has sido, lo que eres. Lo que ves alrededor de ti pueden ser tus esclavos, tus hijos; con tu autoridad, asume la ternura de un padre. Ama a tu gente como te amas a ti mismo; cultiva el afecto, mantén la disciplina del ejército; protege las fortunas de los ricos, alivia las necesidades de los pobres.

Tiberio y Sophia gobernaron el Imperio romano de Oriente, juntos, hasta la muerte de Justino II en el 578, cuando Tiberio asumió el control completo del imperio y lo sucedió de manera oficial. Cuando Justino II murió, el Imperio romano oriental había perdido la mayoría de Italia y se hallaba en graves dificultades económicas y militares.

La caída de Bizancio

El Imperio bizantino sobrevivió hasta el año 1453. Este es el año en que Constantinopla cayó en manos de los otomanos.

Hasta ese punto, el imperio había sorteado muchas amenazas, internas y externas. En el año 700, las fuerzas islámicas habían tomado vastos territorios, muchos de los cuales habían sido una vez controlados por Justiniano. Se perdieron territorios en Siria, Egipto y el Norte de África, así como en la Tierra Santa.

Sin embargo, gracias a su tamaño reducido, el imperio bizantino era más rico y más fácil de controlar. Así que, en vez de disolverse, se fortaleció, y en los siglos X y XI disfrutó de una época de esplendor en el arte, cultura y desarrollo. El comienzo de las Cruzadas marcó un punto decisivo en el Imperio bizantino. Esta sucesión de guerras santas, en las que los europeos intentaron erradicar a los musulmanes, resultó en intensas fricciones entre el Imperio bizantino y las fuerzas occidentales. En el 1453, el líder otomano Mehmet II asaltó Constantinopla y penetró, de manera simbólica, en Hagia Sophia - uno de los grandes símbolos del legado de Justiniano. Este edificio se convertiría en una de las mezquitas más famosas del mundo. El emperador bizantino Constantino XI murió en la batalla y comenzó la era del Imperio otomano.

Capítulo 9 – Legado

Es difícil rastrear el legado de Justiniano I y del Imperio bizantino, porque su cultura se ha fusionado con muchas culturas posteriores. Por su propia naturaleza, el Imperio romano de Oriente era, geográfica y culturalmente, un solapamiento entre Europa del Este y del Oeste. Lo que empezó como un intento de extender y reavivar el Imperio romano, se transformó en un imperio por mérito propio.

El legado personal de Justiniano está inevitablemente ligado al del Imperio bizantino. El florecer del arte durante su reinado, y sus obras arquitectónicas e infraestructurales pervivieron por muchos años. Nunca se sabrá cuánta importancia le concedía Justiniano a su propio legado, pero las evidencias sugieren que se esforzó por dejar su marca en la historia. Su esfuerzo por construir edificios impresionantes le sirvieron para asegurarse que, al menos, algunos de ellos existirían en el futuro. Como muchos de los grandes líderes del pasado, les encargó a los artistas de su tiempo registrar sus logros y pintar sus retratos. La importancia estética e histórica de algunos de los mosaicos más impresionantes dedicados a Justiniano pervive en la actualidad.

La restauración del Imperio romano

La más grande ambición de Justiniano era el *Renovatio Imperii*, o la "Restauración del Imperio romano." Si bien no consiguió restaurarlo por completo, sí que reconquistó muchos territorios del oeste, y se le conoce como "el último emperador romano". El papel de Justiniano fue el de instigador, financiador y comandante, a pesar de su falta de experiencia militar. Es bien sabido que encomendó muchas de sus campañas militares a Belisario. Ambos hombres compartían el mismo punto de vista; no buscaban la guerra para conseguir la gloria, sino para conseguir la paz. A Belisario se le atribuye la frase "La primera bendición es la paz, como pueden comprender todos los hombres que tienen un mínimo de razón... El mejor general es, entonces, el que puede encontrar la paz después de la guerra". Una de las razones por las que Justiniano cosecharía tantos logros militares y políticos es la cesión de responsabilidad en razón del mérito, y no de la influencia o la riqueza.

El Imperio bizantino continuó preservando el legado del Imperio romano durante mil años después de la caída del Imperio romano de occidente. Así como el Imperio romano había sido una amalgama de influencias culturales, también el bizantino se convertiría en una fusión de culturas y etnias. Una de las mayores contribuciones de Justiniano sería su revisión de las leyes romanas, lo que les permitió pervivir durante más tiempo. El código legal de Justiniano ha sentado las bases de los ordenamientos jurídicos occidentales, de tal manera que todos los que viven bajo estas leyes siguen influidos por su legado hoy en día.

El legado religioso

Justiniano creía firmemente que el Imperio romano oriental debía tener una sola fe, el cristianismo. Se aseguró que la Iglesia y el Estado estuviesen inseparablemente unidos. Así, se castigaba sin piedad a los considerados herejes, y se prohibía a paganos y judíos practicar o expresar sus creencias. Esto tuvo un profundo impacto en la configuración religiosa de la población.

Mientras que el imperio bajo Justiniano I tuvo que afrontar muchos conflictos religiosos de naturaleza ecuménica, el propio Justiniano pasó a ser una importante figura religiosa. Se le conoce frecuentemente como Santo Justiniano el Grande. La iglesia ortodoxa formada en el imperio romano oriental se convirtió en la iglesia ortodoxa oriental, la segunda iglesia cristiana más grande del mundo. Una de las razones fundamentales de este legado religioso es la gran cantidad de iglesias construidas por Justiniano, que normalmente contaban con arte sacro en su honor. Cuando los ciudadanos empezaron a utilizar estos edificios como lugares de culto, empezaron a adorar también a Justiniano, lo que le ganó un lugar como figura semi-religiosa en la iglesia ortodoxa.

Constantinopla

Constantinopla, la capital del imperio de Justiniano, es uno de sus legados más importantes. Si bien había sido una ciudad muy relevante antes de su llegada al poder, fue su reconstrucción después de los disturbios de Niká lo que la convirtió en una de las ciudades más impresionantes del mundo. Constantinopla se convertiría en el centro del mundo cristiano. No era solo la ciudad más grande, sino también la más rica, y la más educada. La Importancia de la ciudad persistiría más allá del período clásico y medieval, a pesar de los cambios religiosos. La Biblioteca Imperial de Constantinopla preservó algunos de los textos más importantes del mundo antiguo. Afortunadamente, muchos documentos se copiaron antes de su destrucción en el 1204 por los normandos. La influencia de Constantinopla y su cultura ha tenido un impacto en las culturas occidentales y del mundo entero del que poco se ha hablado.

Impacto cultural

La expansión de la cultura en el arte y la arquitectura de Constantinopla y del imperio romano oriental se puede hallar más allá de las fronteras del imperio. Los edificios religiosos en Rusia, Arabia y Egipto muestran influencias fácilmente reconocibles provenientes del Imperio bizantino. Si bien el mayor legado arquitectónico de Justiniano es Hagia Sophia, hay edificios, iglesias, puentes y acueductos por todo el este de Europa que existen gracias a la pasión de Justiniano por la construcción.

En el mundo artístico, las obras de los pintores bizantinos tendrían gran influencia en lo que ahora se asocia al Renacimiento. Muchos de los artistas renacentistas más famosos se inspiraron en las obras de artistas bizantinos. De hecho, muchos historiadores van más allá y citan la influencia de los académicos y artistas que dejaron Constantinopla después del saqueo de los otomanos y se establecieron en Europa. Muchos se instalaron en Italia, donde sus ideas y obras sirvieron para desencadenar el período renacentista.

Justiniano y Teodora siempre sirvieron de inspiración para aquellos que vinieron después. Algunos los veneran como figuras religiosas, pero muchos han intentado capturar sus vidas excepcionales. Han aparecido en innumerables obras de ficción, películas, e incluso videojuegos. La historia de amor entre Justiniano y Teodora se ha convertido en una leyenda, y sus nombres aparecen junto a los grandes romances de la historia, como el de Romeo y Julieta o el de Antonio y Cleopatra.

La historia de cómo Justiniano, de orígenes humildes, se convertiría en el gobernador de uno de los imperios más importantes del mundo, y su gran romance con una mujer excepcional, que transformaría las vidas de las demás mujeres, seguirá intrigando a la humanidad por los siglos de los siglos.

Referencias

"Corpus Juris Civilis Law: Created By A Byzantine Emperor And Still Relevant In Courts Over 1,500 Years Later." Ancient-Origins.Net, 2020, https://www.ancient-origins.net/artifacts-ancient-writings/corpus-juris-civilis-0011034.

"Justinian And Theodora | Western Civilization." Courses.Lumenlearning.Com, 2020, https://courses.lumenlearning.com/suny-hccc-worldhistory/chapter/justinian-and-theodora/.

"Justinian I." En.Wikipedia.Org, 2020, https://en.wikipedia.org/wiki/Justinian_I.

"Justinian I | Biography, Accomplishments, & Facts." Encyclopedia Britannica, 2020, https://www.britannica.com/biography/Justinian-I.

"Justinian I | Biography, Accomplishments, & Facts." Encyclopedia Britannica, 2020, https://www.britannica.com/biography/Justinian-I.

"Theodora | Empress, Biography, Accomplishments, & Facts." Encyclopedia Britannica, 2020, https://www.britannica.com/biography/Theodora-Byzantine-empress-died-548.

"Theodora: The Empress From The Brothel." The Guardian, 2020, https://www.theguardian.com/lifeandstyle/2010/jun/10/theodora-empress-from-the-brothel.

Bowersock, Glen Warren. *Studies on the Eastern Roman Empire.* Keip Verl, 1994.

Cartwright, Mark, and Mark Cartwright. "Corpus Juris Civilis." Ancient History Encyclopedia, 2020, htttps://www.ancient.eu/Corpus_Juris_Civilis/.

Cartwright, Mark, and Mark Cartwright. "Empress Theodora." Ancient History Encyclopedia, 2020, htttps://www.ancient.eu/Empress_Theodora/.

Croke, Brian. "Justinian Under Justin: Reconfiguring A Reign." Byzantinische Zeitschrift, vol 100, no. 1, 2007. Walter De Gruyter Gmbh, doi:10.1515/byzs.2007.13.

Lightfoot, Chris S, and David H French. *The Eastern Frontier of the Roman Empire.* B.A.R, 1989.

Meyendorff, John. "Justinian, The Empire and The Church." Dumbarton Oaks Papers, vol 22, 1968, p. 43. JSTOR, doi:10.2307/1291275.

Procopius. *The Secret History.* Neeland Media LLC, 2019.

Vea más libros escritos por Captivating History

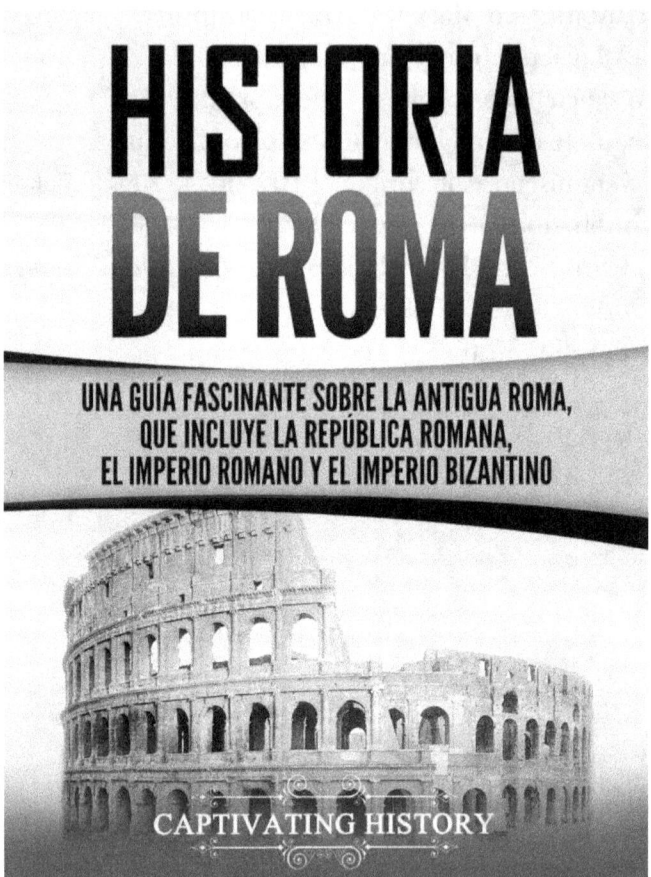

www.ingramcontent.com/pod-product-compliance
Lightning Source LLC
LaVergne TN
LVHW011859060526
838200LV00054B/4428